OBSÈQUES

DE

G.-J. MASQUIN

OBSÈQUES

DE

G.-J. MASQUIN

OBSÈQUES

DE

G.-J. MASQUIN

TYPOGRAPHE

Ex-Directeur de l'*Imprimerie Nouvelle*

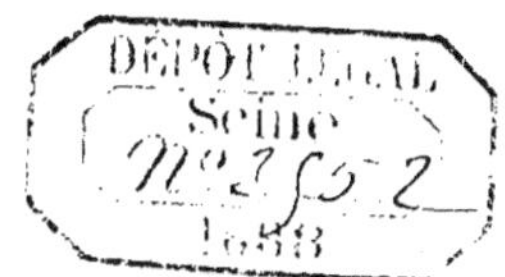

Les obsèques de Georges-Jacques Masquin, ouvrier typographe, ex-directeur de l'*Imprimerie Nouvelle* (association ouvrière), décédé le 9 mai 1888 à la maison municipale de santé, 200, rue du Faubourg-Saint-Denis, ont eu lieu le vendredi 11, à trois heures et demie. Masquin était né à Toucy (Yonne) en 1824. Fils d'ouvriers, il apprit le métier de compositeur-typographe et marqua largement sa place dans la typographie, son métier d'adoption.

Beaucoup de couronnes et de bouquets ornaient le char funèbre qui le conduisait au cimetière de Saint-Ouen, où a eu lieu l'inhumation. Indépendamment des couronnes familiales ou amicales, on remarquait celle de la Société typographique parisienne (Chambre syndicale), à laquelle Masquin était affilié depuis 1840, du comité de laquelle il fit partie à plusieurs reprises; celle de l'*Imprimerie Nouvelle*, à la tête de laquelle il avait été placé pendant une quinzaine d'années, et celle de la Société ouvrière du *Journal officiel*, dont il était le créateur.

Un nombreux cortège d'amis — trois cents personnes environ — se trouvait au funèbre rendez-vous. On remarquait dans l'assistance M. Henri Brisson, député de la Seine, ex-président de la Chambre et du Conseil des ministres. L'honorable M. Corbon, sénateur, questeur du Sénat, y serait venu, malgré ses quatre-vingts ans, si le devoir professionnel ne l'avait obligé d'accompagner M. Kolb-Bernard, son collègue, que l'on conduisait à sa dernière demeure le même jour et presque à la même heure que Masquin; il s'était fait excuser. On remarquait en outre : M. Cusset, conseiller municipal du 2ᵉ arrondissement; M. H. Leneveux, ancien conseiller municipal du 14ᵉ arrondissement; les officiers supérieurs de M. Masquin fils, une délégation des officiers d'administration, ses collègues, et plusieurs de ses amis de la même arme; M. Jules Hollier, directeur de l'imprimerie et des publications de Pierre Larousse; MM. Goupy, Lanier, Pinaud et Maine, imprimeurs, tous anciens ouvriers typographes; M. Jeziersky, directeur du *Journal officiel*; MM. Gonnot et Le Villain, directeurs de la Société ouvrière du même journal; Chilliat, membre du Conseil d'administration et Dreyfus, chef de départ du *Journal officiel*; Cantagrel, ancien directeur de l'*Imprimerie Nouvelle*; M. Lucien Menestrier, membre du Conseil des prudhommes de la Seine; MM. Broin, Heumann, Lecomte, Moret (directeur après Masquin de l'*Imprimerie Nouvelle*), représentant la Société typographique; M. Berthier, ancien membre du Comité de cette Société en même temps que Masquin (1862); M. Lacoste, qui fut dès le début et jusqu'en 1885, le sous-directeur de l'*Imprimerie Nouvelle*; MM. Barré, directeur actuel, Raoul, comptable, et Eugène Henry, représentant cette Association.

Le deuil était conduit par M. René Masquin, fils du

défunt, ayant à sa droite M. Chapelle et à sa gauche MM. Sonier père et fils, ses gendre et petit-fils ; venaient ensuite Mme Sonier, M. Sonier père, Mlle Figus, M. Henri Guerpont, Mme veuve Rouch, M. et Mme Rouch fils, M. et Mme Mélique, Mlle Louise Rouch, M. et Mme Fromont, M. et Mme Balson, M. Émile Obry, instituteur à Chennevières ; Mme veuve Forestier, M. Chapelle jeune, Mme Pinaud, MM. et Mmes Moret père et fils, M. et Mme Lecomte, MM. Desruelles, Dolbau, Franck, Arot, L. Leroy, J.-F. Mauries, Vallet et nombre d'autres amis de Masquin dont nous regrettons de n'avoir pu relever les noms.

DISCOURS DE M. MORET

Au cimetière, M. Moret, prenant le premier la parole, s'est exprimé en ces termes :

Mesdames, Messieurs,

L'amitié nous impose parfois des devoirs bien douloureux. Jamais je ne me suis senti pris d'une étreinte au cœur et à la gorge pareille à celle qui m'oppresse aujourd'hui ; vous comprendrez cette émotion et vous voudrez bien m'en excuser si elle me paralyse au point de ne pouvoir rendre aussi complètement que je l'eusse désiré le suprême hommage que je dois à l'ami que je perds, — que nous perdons tous.

Je ne puis vous parler de Masquin sans éprouver un déchirement de tout mon être. Est-ce qu'on peut se séparer, s'isoler, quand, pendant plus de trente années on a vécu dans une communauté de vues, d'aspirations, de combats pour le triomphe d'une idée généreuse qui a eu une longue période d'enfantement, qui a fini par prendre un corps, qui a connu aussi une autre période de succès soutenus ?..... Nous commencions déjà à entrevoir la terre promise, nous croyions toucher du doigt le but de nos efforts désintéressés ; nous allions donc voir enfin se réaliser notre idéal : l'émancipation du travailleur par lui-même, par sa propre épargne, mettant en œuvre à son profit les outils qu'il possédait grâce à la collectivité des efforts communs.... Et c'est à ce moment — cruelle ironie de la fatalité — qu'est apparu le spectre du déficit. Le coup fut terrible pour Masquin : il en fut blessé mortellement. Aujourd'hui, il en est mort !...

Veuillez, Mesdames et Messieurs, excuser une émotion dont je ne suis point maître et que vous partagerez peut-être à votre tour.

Je dois à Masquin, je me dois à moi-même de vous parler de l'homme, de l'ouvrier.

Entré fort jeune, en 1841, dans la société de résistance à l'abaissement des salaires — c'est ainsi que se qualifiaient alors les groupements ouvriers qui ont précédé les Chambres syndicales actuelles — Masquin, attiré par des hommes plus âgés que lui et dont il acceptait les conseils et en quelque sorte la direction politico-économique, devint, sous l'égide des Corbon et des Leneveux, l'un des collaborateurs du journal l'*Atelier,* dont peu se souviennent aujourd'hui. Il sut toujours porter très haut la dignité des travailleurs. Il ne rêvait pas, lui, l'égalité par en bas ; sa préoccupation constante fut toujours de chercher à élever le niveau moral et intellectuel de ses camarades de travail.

Esprit des plus distingués, républicain convaincu, mettant au service de ses idées une parole claire et facile, abondant en images qui donnaient plus de relief à sa pensée, Masquin a marqué fortement son empreinte non seulement dans les rangs des travailleurs, mais encore dans l'élite de la démocratie moderne, qui savait l'apprécier. Son instruction n'avait rien d'universitaire, mais il avait le don d'assimilation et profitait de ses moindres lectures.

Il fit, à plusieurs reprises, partie du Comité de notre syndicat bien avant que celui-ci possédât une existence légale, et à une époque où il était toujours dangereux de se mettre en avant.

C'est ainsi que nous le voyons, lors de la grève de 1862, faire partie du Comité et triompher, avec plusieurs de ses collègues, d'une majorité qui avait peur de se compromettre et n'osait mettre résolument sa caisse au service de la grève. Cela pouvait alors entraîner trois ans de prison, la privation temporaire des droits civils et la surveillance de la haute police.

Lorsqu'après 1863, où une candidature fut offerte à Masquin par le groupe ouvrier qui avait publié le manifeste dit des « soixante », parce qu'il émanait de soixante ouvriers appartenant aux métiers les plus divers, il refusa de partager cet honneur avec Tolain.

En 1864, l'idée vint à quelques-uns d'entre nous de fonder une association de production. Masquin fut un des ouvriers de la première heure de cette idée, qui prit un corps en 1870, sous le nom d'*Imprimerie Nouvelle*.

Le succès se décida lentement. En 1878, il était arrivé. Les ateliers de la rue des Jeûneurs étaient trop petits. On décida d'un commun accord de les agrandir. Cette idée, partagée par tous et *soumise à la sanction de tous,* finit par se réaliser.

C'est entre cette époque et l'ouverture des ateliers de la rue Cadet, en 1881, que se place la création de la Société ouvrière du *Journal officiel.*

Priés par l'un des membres de la Commission extraparlementaire chargée par le Gouvernement d'alors d'étudier le fonctionnement de cet important service, qu'il avait résolu de prendre à sa charge, nous mîmes à notre concours une condition unique : c'est que les travailleurs — nos amis — qui avaient organisé et fait mouvoir cette machine si difficile à mettre en œuvre, ne seraient point dépossédés d'un travail qu'ils avaient toujours su mener à bien, quelle que fût d'ailleurs la combinaison à laquelle s'arrêterait le ministère.

Masquin fut mis en relations avec l'honorable M. Fallières, alors sous-secrétaire d'État à l'intérieur. Grâce à la force persuasive de son argumentation il amena ce dernier à confier la composition, l'impression et l'expédition du *Journal officiel* aux ouvriers de M. Wittersheim, auquel l'État rachetait l'immeuble et le matériel.

L'honneur de cette conception, le mérite d'avoir fait accepter par un gouvernement et une Chambre modérément républicains l'idée de traiter directement avec des ouvriers syndiqués pour la confection d'un travail aussi important, revient tout entier à Masquin.

Cet instrument merveilleux, confié directement aux travailleurs, n'a pas une seule minute périclité entre leurs mains, et la Chambre et le Gouvernement sont d'accord pour rendre justice à ces derniers qui, tout en étant largement rémunérés, apportent leur contingent d'économie aux deniers des contribuables.

Cette innovation fut, dès le début, la pomme de discorde qui suscita les convoitises ; la lutte, aujourd'hui, est toujours ardente âpre même. Nous sommes convaincu que tout s'apaisera et que le bon sens triomphera de certains appétits.

Il est évident que tous les typographes syndiqués ne peuvent avoir place à l'*Officiel ;* on n'y peut prendre rang que par suite de vacances. Aussi est-ce là que l'esprit génial de Masquin apparait tout entier. « Puisque la corporation tout entière ne peut participer à ce travail, se dit-il, il est néanmoins juste qu'elle en ressente dans une certaine mesure un bien-être. » Et il fit inscrire cette clause dans le contrat :

Chaque année, une retenue de 5 o/o sera faite sur les bénéfices, avant tout autre prélèvement, pour être versée au fonds de retraite de la Société de secours mutuels. Ce prélèvement a fourni à ce jour plus de 15,000 francs, venant s'ajouter aux 100,000 déjà existants et devant constituer à la longue un fonds de retraite des plus respectables.

Tout ceci fut accompli avec le désintéressement le plus absolu. Le triomphe de l'idée était le seul guide. C'était une sorte d'apostolat.

C'est au milieu de ces succès que notre association, après des années de prospérité, après avoir attiré sur elle l'attention des penseurs, après avoir été citée comme exemple à suivre, mais trop peu encouragée par les commandes de ceux qui la prônaient, vit s'entrouvrir béant, après le krach financier de 1882, l'abîme du déficit.

Toutes ces espérances légitimes, tous ces rêves d'émancipation, désintéressés mais ardents, tous ces efforts intellectuels, tous ces sacrifices pécuniaires, toute cette épargne péniblement accumulée, mais apportée avec l'orgueil et la joie du triomphe.... tout fut englouti.... tout !...

Masquin, nature fine, impressionnable, en reçut un coup mortel. Hélas ! que ne succombât-il ce jour-là !..... Il faillit en perdre la raison !

En France, comme partout, d'ailleurs, le succès justifie tout. Triomphant on est adulé, défait on est conspué, honni ! Jamais le *vœ victis,* le « malheur aux vaincus », ne fut lancé par autant de bouches ! jamais ostracisme plus cruel ne frappa un homme.... Son agonie dura quatre années.... Quelques-uns s'égarèrent même jusqu'à soupçonner l'intégrité de l'homme !....

La présence d'un aussi grand concours d'amis autour de cette tombe est une protestation suffisamment vengeresse pour sa mémoire. Il n'en but pas moins jusqu'à la lie cette coupe empoisonnée.....

Masquin, nous qui avons partagé tes espérances dans une communauté d'aspirations fraternelles ;

Nous qui avons cru comme toi au succès de nos efforts désintéressés ;

Nous qui avons souffert de tes souffrances lorsque l'inanité de ces efforts nous montra la ruine de nos camarades, de ceux qui avaient eu foi en nous,

Nous tenons, devant ta tombe ouverte, à te rendre un public et sincère hommage.

Toi, qui comme nous n'admettais aucun des dogmes révélés ; qui ne voyais dans la mort non un châtiment, mais simplement la cessation de la vie ; qui ne fus bon, dévoué, serviable et juste que parce que ces vertus, — humaines et non d'essence divine — ne doivent point trouver de récompense au delà de la vie,

Nous venons te dire : « Ami, repose en paix ; la mort, en

t'emportant au champ de repos, t'a délivré de l'obsession qui depuis quatre ans empoisonnait ton existence. Tu vivras désormais dans notre souvenir ! »

DISCOURS DE M. BARRÉ

Après M. Moret, M. Barré, directeur actuel de l'*Imprimerie Nouvelle*, a prononcé le discours suivant :

Mesdames, Messieurs,

Au nom de l'*Imprimerie Nouvelle*, je viens remplir un douloureux devoir : je viens dire adieu à l'homme qui, pendant quatorze années, fut l'âme de cette œuvre sociale.

Georges Masquin avait rivé son existence à cette idée d'émancipation que représente l'association ouvrière l'*Imprimerie Nouvelle*.

De ses observations et méditations d'ouvrier, il avait dégagé cette conviction profonde que c'est surtout par l'association que le travailleur pourrait s'affranchir de cette féodalité moderne qu'on appelle le Capital.

Cette conviction hantait son esprit; nous la retrouvons à chaque instant de sa vie.

Pour bien marquer combien il avait conscience que ce principe de l'association était bien à son heure pour la société, dans le livre qui figura à l'Exposition de 1878, il le synthétisait par ces deux mots : *Socialisme pratique*, c'est-à-dire que, sans révolution et sans tutelle, il voulait voir l'ouvrier posséder ce bien suprême : la liberté dans le travail.

Je citerai le passage suivant où il développait cette évolution légale :

» Il n'est pas, disait-il, un économiste, un législateur, qui ne se préoccupe des moyens de répartir plus équitablement les charges et les bénéfices sociaux.

» Les ouvriers s'en occupent d'autant mieux qu'ils y sont plus directement intéressés.

» Les uns, le plus grand nombre, anéantis, écrasés sous le poids des lourdes charges que leur impose le budget, qui absorbe presque entièrement leur maigre salaire, attendent de l'État un soulagement qu'il est impuissant à leur donner ; d'autres trouvent plus simple de s'emparer violemment de l'outillage industriel, oubliant de dire et de prouver qu'ils sauraient le mettre en œuvre ; et quelques-uns, enfin, qui croient que dans un gouvernement démocratique l'État ne doit aux citoyens que la liberté absolue d'exercer leurs facultés à leurs risques et périls, et qui, associant leurs épargnes, leur intelligence et leur travail, essayent d'exploiter eux-mêmes leur profession : c'est à cette catégorie qu'appartient l'*Imprimerie Nouvelle !* »

Mais pour montrer qu'il n'était pas exclusif des autres voies à employer pour arriver au progrès, il nous faut encore citer ce passage :

» Nous n'avons nulle intention de présenter l'idée d'association comme une panacée universelle devant mettre fin aux maux dont nous souffrons ;

» Nous croyons seulement que la mise en pratique de cette idée est un des moyens les plus sûrs que nous puissions mettre en œuvre pour arriver à résoudre le problème social moderne. »

Et, au point de vue moral, n'était-ce pas rehausser l'ouvrier que de solidariser son effort quotidien dans un but commun ; est-ce que l'égoïsme n'est pas forcé de se taire lorsque l'intérêt général parle constamment ?

Georges Masquin était tellement pénétré de ce résultat humanitaire, qu'il avait fait placer en tête du titre d'action des coopérateurs cet extrait du livre d'un philosophe :

» La pratique du devoir est une condition indispensable de l'association.

» Bien plus, le devoir en est le principe générateur, car,

en réalité, qu'est-elle, sinon la *fraternité* même organisée pour arriver plus sûrement et plus pleinement à son but. »

Tous les efforts faits par Georges Masquin prennent leur point de départ dans cette grande loi au principe salutaire de l'association ; partout il en était l'apôtre.

Cette force le servait aussi admirablement dans les relations commerciales ; la clientèle augmentait rapidement : il avait su s'attirer les sympathies de tous.

Et, en 1878, lorsque l'*Imprimerie Nouvelle* fêtait les récompenses obtenues à l'Exposition universelle, plusieurs hommes politiques marquants vinrent s'asseoir à son banquet.

Ce succès prodigieux fut la cause des agrandissements qui eurent lieu. M. Masquin voyait, avec cet entraînement que donnent les affaires, l'association ouvrière se placer enfin au rang de la grande industrie.

Mais, en 1882, ce brillant essor se trouvait brusquement arrêté ; le krach financier, en faisant sombrer une grande partie des maisons de banque, amenait en même temps une catastrophe à l'association ouvrière, en lui supprimant sa principale clientèle.

Le coup terrible qui frappait l'*Imprimerie Nouvelle* devait anéantir son chef. Depuis ce jour il ne s'en est pas relevé ; et si, malgré l'obsession de ce désastre, il témoignait la douce satisfaction qu'il éprouvait de savoir que l'*Imprimerie Nouvelle* luttait toujours, qu'elle pansait ses blessures, que la clientèle revenait en même temps que la confiance ; lui, n'a pu survivre au malheur d'avoir vu l'œuvre à deux doigts de sa perte : il en est mort.

A nous, typographes, de montrer que nous ne voulons pas que tant de sacrifices restent sans fruit ; à nous, coopérateurs convaincus, de garder l'idée qu'il a semée avec tant d'ardeur.

Quant à toi, Masquin, tu as bien rempli ta tâche ici-bas ; dans ta vie de travailleur tu as eu en vue l'intérêt général ; tu as toujours eu pour mobile le bien de l'humanité : que ton dévouement nous serve d'exemple !

DISCOURS DE M. CHILLIAT

Enfin, M. Chilliat, au nom de la Société ouvrière du *Journal officiel*, s'est exprimé en ces termes :

Mesdames, Messieurs,

Désigné par la Société ouvrière du *Journal officiel* pour prendre la parole devant la tombe de l'ami dont le savoir, le dévouement et l'éloquence persuasive firent adopter le principe de l'association dans les régions gouvernementales, je sens trop mon insuffisance pour entreprendre de rappeler tous les services rendus par Masquin à notre chère corporation. Je me bornerai donc à exprimer notre reconnaissance de tout ce qu'il a fait pour le travail en groupant ses forces vives et en les conduisant à la conquête de l'outil ! Car cette possession de l'outil était l'idéal suprême de Masquin, idéal qu'il s'efforça de réaliser.

Un instant il a cru le but atteint; il a vu l'association qu'il dirigeait récompensée par une médaille d'or à l'Exposition collective ouvrière et par une médaille de bronze à l'Exposition universelle; il a entendu les représentants de la presse consacrer à l'unisson cet incontestable succès.

Puis, tout à coup, il a connu les revers. Mais sa grande âme était trop fortement trempée pour désespérer. Son idée avait reçu, — cela est malheureusement vrai, — un choc violent dans la pratique; seulement, la fécondité n'en pouvait être altérée, l'association, comme la concevait Masquin, étant l'unique moyen d'atténuer les inégalités sociales, elle triomphera quand même ! Rien n'est encore perdu. L'*Imprimerie Nouvelle* existe !

Et les ouvriers du *Journal officiel* ? Ils n'oublieront jamais que c'est grâce à ton intervention auprès de M. Fallières, alors sous-secrétaire d'État à l'Intérieur, qu'ils doivent leur indépendance, et que cette pensée d'associer la main-d'œuvre dans un atelier de l'État, dont la réalisation fait honneur au ministre, a germé dans ton cerveau, coutumier des conceptions généreuses.

Aussi notre association, qui n'a pas cessé un instant de se pénétrer de tes sages conseils, demeure-t-elle debout malgré les assauts furieux qui lui ont été livrés. Elle te doit bien cela, ne serait-ce que pour affirmer cette maxime démocratique : « Droit et Devoir. » Tu nous as tracé la route, nous ne nous attarderons pas en chemin.

Notre deuil et nos regrets sont immenses. Mais si l'homme meurt, l'œuvre survit, et ton œuvre vivra !

Adieu, ami ! ton souvenir est profondément gravé dans nos cœurs, et ton nom sera inscrit, nous en sommes certains, dans le beau livre des travailleurs bienfaisants.

M. Moret, pour clore cette cérémonie funèbre, a exprimé l'espoir que l'unanimité des regrets exprimés sur la tombe de leur père viendrait adoucir le chagrin des enfants de Masquin ; et, après une dernière effusion cordiale, l'assistance a quitté le cimetière.

Paris — Imprimerie LANIER, rue Séguier, 14.

62